Je suis un raton laveur

À mes parents

Les éditions de la courte échelle inc.
160, rue Saint-Viateur Est, bureau 404
Montréal (Québec) H2T 1A8
www.courteechelle.com

Dépôt légal, 1er trimestre 2013
Bibliothèque nationale du Québec

La courte échelle reconnaît l'aide financière du gouvernement du Canada par l'entremise du Fonds du livre du Canada pour ses activités d'édition. La courte échelle est aussi inscrite au programme de subvention globale du Conseil des arts du Canada et reçoit l'appui du gouvernement du Québec par l'intermédiaire de la SODEC.

La courte échelle bénéficie également du Programme de crédit d'impôt pour l'édition de livres – Gestion SODEC – du gouvernement du Québec.

Catalogage avant publication de Bibliothèque et Archives nationales du Québec et Bibliothèque et Archives Canada

Delporte, Julie
Je suis un raton laveur
Pour les enfants de 3 ans et plus
ISBN 978-2-89695-464-3

I. Titre.

PS8607.E488J4 2013 jC843'.6 C2012-941297-X
PS9607.E488J4 2013

Imprimé en Chine

Julie Delporte

Je suis un raton laveur

la courte échelle

C'est l'histoire d'une petite fille très triste,
une petite fille qui, tous les jours, a du chagrin.

Elle pleure lorsqu'elle casse une tasse sans le faire exprès.
Elle pleure lorsqu'elle oublie de dire bonjour ou merci.
Elle pleure pour un rien et pour tout.

Son papa lui dit :
« Arrête de pleurer, tu dois être forte, ma petite fille. »
Sa maman lui dit :
« Ne pleure plus. Tout va bien, je suis là. »

Mais chaque fois qu'on lui dit cela,
la petite fille pleure encore et toujours.
Elle pleure dans son lit.

Elle pleure
sur ses chaussures.

Elle pleure
dans son assiette.

Parfois, elle pleure depuis si longtemps
qu'elle ne sait même plus ce qui la chagrine.

Une nuit d'été, un raton laveur entre par la fenêtre de sa chambre :
« Petite fille, tu as l'air si triste. Tu as les idées toutes noires.
Je vais te les laver ! »

Le raton laveur lave le chagrin de la petite fille.
Il frotte, il savonne, il rince, et enfin... enfin...
la petite fille arrête de pleurer.

Chaque nuit, le raton laveur revient.
Quand la petite fille pleure, il lave.
Mais quand elle ne pleure plus,
ils parlent longtemps ensemble dans le noir.

« Est-ce que les ratons laveurs pleurent aussi ?
demande la petite fille.
« Et les pommes, quand elles tombent des arbres,
est-ce qu'elles se font mal et pleurent ?
« Et la théière, lorsqu'on ferme la porte de l'armoire,
est-ce qu'elle pleure parce qu'elle est toute seule ?

« Et les maisons, quand on les quitte,
est-ce qu'elles pleurent aussi ? »

Nuit après nuit, la petite fille pense aux pommes tombées,
à la théière enfermée, à sa belle maison bleue
qui se retrouve parfois toute seule…

Un matin, elle s'habille de noir et de gris.
Elle danse et saute partout dans la maison.

Elle lave les pommes dans leur panier.
Elle sort la théière et les tasses de l'armoire pour les savonner.

Chaque fois qu'elle quitte la maison,
elle nettoie doucement la grande porte d'entrée
avec la manche de son manteau.

Pendant qu'elle lave, frotte, savonne et rince,
la petite fille oublie de pleurer.

Son papa lui demande :
« Qu'est-ce qui t'arrive, ma petite fille ? »
Sa maman lui demande :
« Qu'est-ce qui te rend donc si joyeuse ? »
La petite fille répond :
« Vous ne voyez pas ? Je suis un raton laveur ! »

Une fois de temps en temps, le raton laveur, qui n'est jamais bien loin, a droit lui aussi à un bon shampooing.